AF131526

Aphorismes, paradoxes
et autres billevesées

Edition : Books on Demand,
12/14 rond-Point des Champs-Elysées, 75008 Paris
Impression : BoD - Books on Demand, Norderstedt, Allemagne
ISBN : 9782322185276
Dépôt légal : octobre 2019

Miguel Ruiz

Aphorismes, paradoxes et autres billevesées

A Moâ… et aux autres.

8

1.

Je ne suis pas suffisamment esclave pour vouloir être un chef.

Il était si étonnant que c'est en devenant prévisible qu'il l'était le plus.

Douanier Rousseau, sot roux niais âne doux…

L'œuvre d'un poète est immortelle : il continue à faire des vers.

Tu suis ce que je suis : je hais ce que tu es.

Un pied-noir en peignoir.

Je ne m'attache qu'à une seule chose :
être détaché de tout.

La vie : partir de rien et revenir de tout.

Un couvreur à qui il arrive une grosse
tuile ne devrait jamais se plaindre.

Occupé à ne rien faire.

502 mecs de Saint-Maixent.

Etonnant : c'est en jetant l'eau propre sur quelqu'un qu'on peut le salir.

Qu'est-ce que le banal ? Le merveilleux déchu par l'habitude.

Un écossais écossé.

Il y a plus terrible que de perdre la mémoire… c'est de ne pouvoir oublier.

Les chaussures vernies ont bien de la chance.

La susceptibilité est la sensibilité des faibles.

Un boucher dur d'oreille.

Les Antibaises font rarement l'amour,
surtout quand elles sont mariées à un Castrais.

La liberté, c'est de scier les barreaux de
sa propre prison.

14

Un vin qui a de la bouteille.

Poussée dans ses derniers retranchements, la foi qui essaie de convaincre devient mauvaise foi.

Une voyante non-voyante.

Un type capable de tout est souvent un bon à rien.

Théorème d'Archimède : tout corps plongé dans un liquide entraîne la sonnerie du téléphone.

Remettre les pendules à leur place.

Chez beaucoup d'hommes, la parole précède la pensée. Ils savent seulement ce qu'ils pensent après avoir entendu ce qu'ils disent.

Les gens reconnaissent rarement s'être suicidés.

J'aime ne rien faire mais je n'aime pas perdre mon temps.

Le néant du désir engendre le désir du néant.

Je ne joue jamais aux échecs parce que je n'aime pas perdre.

Avidité : activité du vide.

Généralement, on n'aime pas les gens qui plaisent à tout le monde.

Le bonheur est sa perspective, son atteinte est ennui.

Objectivement, tout est subjectif.

L'art du faux est l'or du fat.

Toute honte bue il mangea son chapeau.

La transcendance, c'est résoudre le mystère : tout est écrit et pourtant l'Homme est libre.

Les trois mousquetaires étaient quatre.

2.

Une eau trop tiède.

Il faut être suffisamment fou pour ne pas le devenir complètement.

La seule façon de remonter à la surface, c'est de toucher le fond.

Si 6 devenait 9, 8 serait toujours 8.

Paradoxe de l'argent : il faut en avoir pour en être délivré.

Le silence est son propre écho.

L'Anarchisme est le moyen qu'il faut absolument éviter pour y parvenir.

Nous, gars de Montélimar !

Etre adulte, c'est se prendre au sérieux - comme le font les enfants quand ils jouent.

Paradoxe : à force de tourner en rond, on finit par ne plus tourner très rond.

Deux mamies causent de ma mycose.

Je ne suis pas assez croyant pour être athée.

Le comble du scepticisme - et par là même son dépassement, c'est de douter du doute.

Le genou d'un gnou.

L'imagination est la fée et la folle du logis.

L'Ego est plus fort que tout : on peut tuer l'amour, mais on ne peut que blesser l'amour-propre.

Une mouette muette.

L'infirme infirme, le dément dément.

Mettre des lunettes noires, c'est montrer ce que l'on veut cacher.

La peine de mort n'est pas dissuasive… sauf pour les récidivistes.

Caressez un cercle, il deviendra vicieux; chatouillez un miroir, il restera toujours de glace.

La foi soulève des montagnes qui accouchent d'une souris.

Les bourses ou le vit !

Je me suis calmé maintenant, j'ai mis de l'eau dans mon bain.

Le violon d'Ingres et les trompettes de Géricault.

Le non-être n'est qu'un parasite de l'être puisqu'il n'est concevable que par rapport à la notion préalable de celui-ci (il faut qu'il y ait de l'être pour que le non-être soit 'envisageable'). D'où il ressort que le néant absolu n'existe pas.

Eddy de Nantes, Aude de Cologne, Bruno d'Agen & Betty de Cambrai.

Etre de droite, c'est savoir mettre à gauche.

Seul le rêve peut nous réveiller du sommeil de la vie.

Peuchère, c'est fort onéreux !

L'oursin aux seins lourds.

Certaines personnes ne se contentent pas d'être imbéciles, il faut en plus qu'elles y mettent de l'intelligence.

C'est toujours chez les autres que nos défauts nous horripilent le plus.

Un berbère imberbe erre.

Un antillais entier.

Ah Médée !, au maudit gueux, lie Annie !

Chercher le succès sans succès.

John Duff, Harry Cover, Artie Shaw &
Cole Porter.

Ni Dieu, ni maître… ni slogan !

3.

Il faut savoir s'émerveiller de tout et ne s'étonner de rien.

To go to Togo.

Mener une double vie, c'est risquer de ne vivre qu'à moitié.

La foi (religieuse) est une névrose endimanchée, l'art une folie superbement vêtue.

Ecchymoses et mycoses : exquis maux des esquimaux.

La mort, ce commencement de l'immortalité.

Une seiche mouillée & une palourde légère.

Qu'il est bon de ne rien faire – puis de se reposer.

Les aveugles lisent en braille pour se faire entendre des sourds.

T'es imbuvable quand t'as bu !

Paradoxe : un hypocondriaque est un malade qui s'ignore.

Le cacao de Cuba.

Un homme se dit mythomane – faut-il le croire ?

Les tabous se disent tout bas.

Les gens célèbres ne gagnent pas forcément à être connus.

J'aime prendre des bains de boue assis.

L'idéalisme est fait pour les puceaux de la pensée.

Je donnerais mon bras gauche pour être ambidextre !

Un misanthrope, c'est quelqu'un qui se vomit lui-même sur les autres.

Après avoir été lourdé, on n'a plus que Lisieux pour pleurer.

La vie devient lourde lorsqu'elle est vide.

Un gros mari fort marri.

Celui qui dit trop qu'il veut se rendre utile veut surtout devenir indispensable.

Romaine, l'es-tu ?

Tout système philosophique est la confession involontaire de son auteur.

Une bonne à tout faire bonne à rien.

Un castrat hors pair(e).

Je ne connais que la psychanalyse comme concurrence de la religion en ce qui concerne l'amour des souffrances qui durent.

Emu et muet.

La Racine de La Bruyère Boileau de La Fontaine Molière.

Le plus court chemin d'un point à un autre, c'est de ne pas y aller.

L'amour que je me porte à moi-même est réciproque.

La colère, ce manteau retourné de l'enthousiasme.

J'ai peur d'être hypocondriaque.

L'âme, au contraire du corps, se nourrit de sa propre faim.

Il n'est pas aisé de s'asseoir sur un ban de poissons.

Pour avoir de l'argent devant soi, il faut en mettre de côté.

4.

Si on me trouve, je suis perdu !

La trahison est le courage du lâche qui rencontre l'audace du peureux.

Une vraie croyante dans une fosse septique.

Si Madame de Sévigné avait pris le métro, elle aurait peut-être raté sa correspondance.

Je préfère être à la marge qu'à la page.

En matière de fidélité, il faut surtout l'être à soi-même.

Je médite sur l'imprimante.

Il a voulu tuer sa femme pour lui apprendre à vivre.

Je n'ai plus la foi : j'ai dit adieu à Dieu.

Rien ne me sied, tout me fait chier.

Il faut être un peu tordu pour faire du droit.

Mr. Kurt Moll, dont la femme était sexuellement insatisfaite.

Mon père est amer : ton frère est masseur.

Le ténia est mon animal d'intérieur préféré.

Un volatile volatil.

Il s'est pendu dans la rue un soir qu'il pleuvait des cordes.

Taper du poing sur les i.

Religiosité est masochisme : l'Homme n'est grand qu'à genoux.

J'ai tout fait parce que j'étouffais !

Le suicide : plus qu'une faute de goût, un manque total de savoir-vivre.

44

Pluie torride et soleil torrentiel sont les preuves du dérèglement climatique.

Un oiseau qui aurait le vertige.

Ironie, isthme de l'onirisme.

Le désert : du sable émouvant.

Tuer pendant un conflit armé, c'est de bonne guerre.

Le comble de l'optimisme : croire au Père Noël. Le comble du pessimisme : croire en Dieu.

Ce n'est pas tombé sur l'orteil d'un sourd !

L' "objectivité" : on commence par croire, puis on cherche des faits pour étayer cette croyance.

Les Haschischins étaient d'obédience chiite : tout se tient !

L'aphorisme est à la pensée ce que l'action est au surmenage.

Avoir la foi, c'est avoir les foies.

Un poisson soluble.

Les cimetières sont des endroits où de futurs morts visitent d'anciens vivants.

Un baiser : deux langues qui se délient sans un mot.

La vie ne vaut pas la peine qu'on se l'ôte.

Un cyclope borgne.

La grande ruse du Diable, c'est de faire croire qu'il existe.

Il faudra se souvenir d'oublier.

5.

Il faut avoir le pessimisme de l'intelligence et l'optimisme de la volonté.

Bizarrerie : le poisson pané se mange mort.

L'opposé du contraire est l'identique du même.

Tout comme il faut rire du sérieux, il faut prendre l'humour au sérieux.

Publicité due : duplicité bue.

Il faut aimer le malheur comme la promesse d'un bonheur futur.

Dieu soit en location !

Aujourd'hui c'était hier pour ceux de demain.

La pauvreté est terrible, non pas tant par l'état de privation que par la dépendance qu'elle entraîne.

Le mariage : deux oui pour un seul nom.

Il est devenu fou à force d'avoir raison.

Tous les systèmes philosophiques sont faits pour tourmenter les sages.

Je n'ai pas le moral : je n'ai pas de morale.

Vous m'avez retiré une fière chandelle du pied.

Tout le monde n'a pas raison mais tout le monde a ses raisons.

La neige, c'est la pluie en robe de mariée.

L'homme : une volonté qui s'observe.

On a laissé les ruines d'Oradour intactes.

La religion : antidote du doute,
antis(c)eptique de l'esprit.

*Je ne suis ni pour ni contre, bien au
contraire !*

Un sourd-muet atteint de cécité observant le silence.

La vie est un songe qui, à force de volonté, peut devenir réalité. Sinon, elle devient cauchemar.

Etre bricoleur, c'est joindre l'outil à l'agréable.

La volonté de suicide, c'est la liberté du pessimiste poussée à son extrême : être libre de soi-même.

C'est quand il est vraiment tard qu'il est tôt.

Les mots forment la gangue de la langue.

St-Jean-Baptiste? Un singe en batiste !

C'est quand on est revenu de tout qu'il faut partir.

Un cow-boy cobaye.

Je suis extrêmement modéré.

La résignation est un suicide permanent.

On a remarqué que peu de personnes peuvent arriver à la cheville d'un cul-de-jatte.

C'est quand l'homme oublie qu'il n'est qu'un animal qu'il peut se comporter comme une bête.

L'abeille de l'abbaye.

6.

Un tatouage drôle peut souvent alléger l'ambiance d'une autopsie.

Il faudrait sauver Dieu de la religion.

Un silence parlant.

Il faut faire dérailler le train-train quotidien.

Un pas grand-chose vaudra toujours mieux qu'un moins-que-rien.

J'ai une dent contre la Creuse.

Là où la main de l'Homme n'a encore jamais mis les pieds.

Tout finit par finir.

Sous l'épave est la plage.

Rien de nouveau sous le soleil : c'est lorsque l'on a compris cela que l'on peut - et que l'on doit - s'étonner de tout.

René est mort à nouveau.

Tous les hommes naissent esclaves et égo.

Alain Krivine et Arlette Laguiller : le fossile et la marteau.

Un petit roi circoncis.

Etre revenu de tout n'empêche pas d'y retourner.

Mais je ne dis pas le contraire... Bien au contraire !

Le pire des stresses, c'est de ne pas en avoir.

Demander "vous peignez ?" à un coiffeur dont le hobby est l'aquarelle, c'est faire d'une pierre deux coups.

Ce qui peut faire supporter la 'conscience'... c'est encore la conscience de celle-ci.

Un coup de foudre : se reconnaître avant de se connaître.

Il faut jeter l'eau propre sur les gens sales.

Terrien, sois tout !

La cellule familiale : tout est dit.

Elle était trop peureuse pour être heureuse.

Les veules ne veulent que de vagues vagues.

A trop vouloir gagner sa vie, on risque de la perdre.

De jumeaux, le premier sorti est-il l'aîné ?

Mettre les choses au point sur les i.

Fermer les maisons closes fut une chose facile à faire.

S'aimer soi-même, c'est être sûr de vivre une grande histoire d'amour.

Le seul avantage d'être pessimiste, c'est que l'on est rarement déçu et quelquefois agréablement surpris.

La mode, c'est être dans le coup tous en même temps.

Un avocat est cuit lorsqu'il n'est plus cru.

Les crabes marchent à reculons pour pouvoir voir derrière eux.

7.

Ici, il n'y a pas d'ailleurs.

La plupart des homosexuels sont poètes parce que toujours dans la lune, et athées parce que les voies du Seigneur sont impénétrables.

Mettre la charrue avant d'avoir vendu la peau de l'ours.

Un artiste qui s'est trouvé est perdu.

La seule vérité est qu'il n'y a pas de vérité - y compris celle-là.

Dans le milieu du X, il faut coucher pour réussir.

Un artiste n'est un bon comptable que devant lui-même.

Attention, si vous n'allez pas aux funérailles des gens, ils ne viendront pas aux vôtres.

Cette nuit, une éclipse de lune sera visible.

Michael Jackson, une ex-gueule noire qui continue à aimer les mineurs.

Ce qui manque au désespéré, c'est d'être enfin délivré de l'espoir.

Le soleil est meilleur à l'ombre.

Le bonheur ? La mort quand on ne la voit pas venir.

Les faux jumeaux, c'est quand l'un des deux ressemble plus à l'autre.

Heureux les hommes qui savent rire d'eux-mêmes, ils n'ont pas fini de s'amuser.

Faire un masque de triste sire.

Je veux donner tout l'amour que j'ai à revendre.

La musique est la nuit des philosophes.

C'est une honte d'être encore jeune et déjà vieux, et un drame d'être vieux et encore jeune.

De nos jours, avec les progrès de la science, les morts sont de plus en plus une espèce en voie d'extinction.

Jusqu'où peut-on aller trop loin ?

Ce que l'on possède finit toujours par nous posséder.

Les voyages forment la jeunesse et déforment les valises.

Le silence entoure la parole, comme la mort entoure la vie.

Condamné à mort à perpétuité.

Abrégé de philo de l'Ecole Anormale Inférieure.

Dieu est vivant mais n'est pas joignable, il travaille actuellement à un projet moins ambitieux.

Heureux l'étudiant qui comme la rivière arrive à suivre son cours sans sortir de son lit.

La mort est héréditaire.

"Mon dieu si Paul était encore vivant, il se retournerait dans sa tombe !"

Les verrues des seins font les vertus des saintes.

Lorsque le futur a déjà été vécu, c'est que le passé est encore à vivre.

J'ai le cœur sur la main et la main dans la poche des autres.

Si l'avortement est un crime, la masturbation est un génocide.

La solitude, c'est sacré. Pour preuve, c'est la seule chose qu'on ne partage pas.

8.

Le 13, cette douzaine du diable.

Vieillir, d'accord, mais devenir vieux, jamais !

Le suicide est le courage de la lâcheté.

Il y a une folie de la raison et une raison de la folie.

Quel grand peintre ce Toulouse-Lautrec !

Il n'y va pas avec le dos de la main morte !

Un artiste : le pape de sa propre religion.

Un derviche tourneur fraiseur.

Je préfère être athée que de mauvaise foi.

La came - camisole - m'isole.

*Le hasard est l'habit que met Dieu pour
passer incognito.*

Avachi à Arras, harassé à Vichy.

*L'amour n'est qu'une pièce de théâtre...
surtout quand il faut passer à l'acte !*

Un ingénieur à Grenoble.

*Les aveugles ne peuvent pas voir les
sourds qui ne s'entendent pas entre eux.*

Penser à penser.

Mourir de rire est bon pour la santé.

Je te haime, je t'abdhorre.

Absurdité et paradoxe de la foi en tant que 'grâce' et 'don de Dieu' : on croit en ce qui nous permet de croire.

Les os pissent deux bonnes.

*C'est une 'salope' : elle fait tout voir
parce qu'elle a peur de ne rien avoir à montrer.*

Je panse donc j'essuie.

De l'ire rend délirant.

Saleté de l'amour quand il n'est
qu'amour-propre.

*Ne pas croire en une vie après la mort
peut amener à penser qu'il est possible d'en avoir
plusieurs.*

C'est pas la mort à boire !

La religion du sceptique est le doute de sa foi.

Pour une fine mort, choisissez la morphine !

Je passe le plus clair de mon temps dans le noir.

Le pessimisme est humeur, l'optimisme volonté.

Croyez-moi, je mens toujours.

La compassion est une forme d'amour
condamnée à l'impuissance.

*Une mauvaise expérience vaut mieux
qu'un bon conseil.*

Mon seul défaut : n'avoir que des qualités.

Les historiens sont les prophètes du passé.

9.

L'humour noir fait rire jaune.

L'originalité n'est qu'un larcin de grande classe.

La réalité dépasse l'affliction.

Le pessimiste : "ça ne peut pas aller plus mal". L'optimiste : "mais si, mais si !".

L'or est l'excrément de Dieu.

Le péché originel : une pomme, deux poires et pour les autres, tous les pépins.

La bête immonde qui monte, qui monte, qui monte…

L'amour, c'est : "tu es la seule personne qui puisse me faire supporter ton absence".

Ce qui est terrible, c'est de ne pas pouvoir oublier certaines choses; mais le pire c'est qu'on y arrive.

Ni foi, ni loi, ni roi; mon moi me suffit.

Puisqu'il n'y a pas de solution,
considérons qu'il n'y a pas de problème.

La platitude de la grandiloquence.

Ceux qui dénient Dieu sont souvent
ceux qui désespèrent de le trouver.

Le bonheur est une addition de petits bonheurs.

Un seul être vous manque et la
vaisselle n'est pas faite.

Je ne connais pas son âge, mais il fait plus !

Où va la pensée qui nous échappe ? Où va le blanc de la neige quand elle fond ?

Il faut mourir comme James Dean à l'âge de Jeanne Calment.

Trop n'est jamais assez pour qui ne sait pas attendre.

La religion, c'est attendre qu'on vienne nettoyer son petit derrière spirituel plein de caca.

Il fait un froid à ne pas mettre un thermomètre dehors.

Le comble de l'étourderie : tuer son jumeau en voulant se suicider.

Les gens qui vont voir un psychiatre devraient se faire soigner.

Tant qu'il dure, l'amour est éternel.

Le comble de la collectionnite : faire collection de collections.

La raison est une folie qui a réussi.

Sa pudeur est telle qu'elle le garde
même de faire le pudique.

C'est en découvrant ses zones d'ombre
que l'on s'éclaire sur soi-même.

On ne peut rire du malheur des autres ...
sauf si c'est drôle !

Rêve : brève trêve.

On ne doit pas dire un aigle, mais un oiseau de couleur.

La vie peut devenir agréable pour celui qui sait s'y résoudre.

Prendre sa vessie pour une citerne.

Il faut garder la tête froide sur les épaules.

Le censeur prend l'ascenseur tous les samedis soir.

Une débauche d'ébauches.

Ne touchez pas à mes rides, j'ai mis tant d'années à les obtenir !

Le silence est l'orthodoxie de toute religion.

Deux personnes s'aiment et ne font plus qu'une… Soit, mais laquelle ?

10.

Evitons de mettre la charia avant l'hébreu.

Vivre sans la conscience de la mort,
c'est risquer de mourir sans avoir vécu.

Il ne faut jamais répondre sèchement à un numide.

La vie est une ardente patience.

D'ores et déjà d'or et de jade.

Seul un réel amour des enfants dispense d'en faire.

Le pied-à-terre d'un unijambiste.

Il faut s'allonger, remuer et rouler sur une femme qui a le feu au corps.

On nous a donné la parole afin de cacher nos pensées.

C'est une vipère car elle a avalé trop de couleuvres !

Je n'aime pas la mort parce qu'elle fleure la tentation de croire.

Pour sortir dans le monde, il faut avoir ses entrées.

L'occiput d'une fille de joie assassinée.

L'acte manqué est un manque acté.

Folie de la philo : la pensée s'épand.

Le martyr : mourir pour exister.

Les maux de la faim auront le mot de la fin.

C'est quand on ne sait plus où l'on va
qu'il faut partir.

*Les académiciens, en plus de devenir
immortels, le restent à vie.*

Un père qui ne reconnaît pas ses
enfants n'est pas très physionomiste.

Le but de l'artiste est de s'efforcer de chercher la cachette de Dieu.

L'aciérie de la Libye est l'alibi de la Syrie.

Un homme d'esprit est un homme qui sait parler à côté pour mieux toucher au centre.

Se faire un mauvais sang d'encre.

Douter, c'est répondre à des questions en en posant d'autres.

La vérité : un mensonge pas encore démasqué.

Si partir c'est mourir un peu, mourir c'est partir tout à fait.

Rien n'est sérieux, excepté ce qui ne l'est pas.

Un coup d'Etat ? Des tas de coups !!

La liberté est une chimère qui ne semble exister que lorsque l'on se bat pour elle.

*Le comble du bonheur, c'est d'être en
vie; celui du malheur, de l'être sans être heureux.*

Mec de Lagos vs Gosse de La Mecque.

*Le plus souvent, l'Homme est ce qu'il
cache; quelquefois il est ce qu'il fait.*

11.

Si vous cherchez la vérité, c'est que vous l'avez déjà trouvée.

Vivre me tue… c'est décidé, je me suicide !

La vie est une maladie héréditaire sexuellement transmissible et dont on meurt tous un jour où l'autre.

Les vivants n'en finissent pas de naître alors que les morts, eux, ont fini de mourir.

Mieux vaut une main de fer dans un gant de velours qu'une paire de charentaises dans des bottes !

Défendant son corps à son corps défendant.

La gravité est la profondeur des cons.

L'Histoire est une petite vieille qui radote.

St-Robert de Loches.

Il est urgent d'attendre.

Deux portugais tuent de gais porcs.

Pour éviter l'ennui, rien de mieux que les ennuis.

Le fou dément que le dément fout.

C'est la goutte d'eau qui a mis le feu aux poudres !

Un oxymore est aussi une tautologie.

Un hectare de nectars.

Je prends mes désirs pour la réalité car
je crois en la réalité de mes désirs.

On ne peut pas paître et avoir tété.

Nous sommes tous égaux, donc
respectez mes différences !

Je suis modeste, c'est mon orgueil.

S'il n'était pas mort, il ferait encore envie.

Il faut cacher ses talents quand on n'en a que pour les faire valoir.

Bien vivre sa mort.

Depuis qu'on lui a coupé sa jambe gangrenée, il est reparti du bon pied.

Je suis comme l'écho : je ne parle jamais le premier mais j'ai toujours le dernier mot.

Trop est avare pour qui ne se suffit à lui-même.

Eschatologie et scatologie, deux symptômes d'infantilisme.

De nos jours, l'obésité a tendance à devenir un phénomène de masse.

Les cinq sens sont le sens de la vie.

Ce qu'il y a de bien avec la matière, c'est qu'elle fait cale.

Trop parler, c'est se saouler (soi-même et les autres) avec sa salive.

Voulez-vous bien vous taire pendant que je vous interromps !

Les masochistes sont décidément incompréhensibles : puisqu'ils aiment souffrir, pourquoi ne désirent-ils donc ne pas souffrir ?

Il faut savoir se donner aux autres mais ne s'appartenir qu'à soi-même.

Mes désirs font désordre.

La foi (qui se fait dogme) est le gel de la mer-esprit, le doute en est le brise-glace.

Des faisans en feu faisant faisandés.

Le pouls d'un pou.

12.

A trop jouer avec le feu, on finit par brûler ses dernières allumettes.

Il se met à le mépriser pour ne pas avoir à l'envier.

Les fils de Sem ou les fesses de Sim ?

Une blatte blette.

"Docteur, je crois que quelqu'un mélange à mes aliments un produit destiné à me rendre paranoïaque."

Si Dieu existe, c'est aussi son problème.

Un passage souterrain sous tes reins pas sages.

Si la raison est un don de Dieu, alors la foi en est le fléau.

- Quoi d'neuf ?
- Vingt-sept divisé par trois.

Trop loin à l'Est, c'est l'Ouest.

C'est parce qu'il n'y a rien de plus
sérieux que le rire qu'il faut rire du sérieux.

Six sots s'associent.

Un homme redevenu enfant parce que,
enfant, il fut trop vite un homme.

Résultat final : Troyes 7 - Sète 3.

Au front, les poilus étaient souvent
blessés à la tête.

Un yak parano.

La télé était tellement nulle hier soir que j'ai parlé avec ma femme.

La morale comme la violence sont filles de la peur.

J'aime prendre mon pied dans ses bras.

Vous lui avez rendu un grand service, il ne vous le pardonnera jamais.

Des volutes de volumes.

L'art : une tentative pour mettre en forme l'ectoplasme fugitif qui est en nous.

Une oie blanche cousue de fil blanc.

Au rugby, le talonneur est rarement à l'honneur.

Il y a des femmes comme il faut et d'autres comme il en faut.

Semez une action et vous récolterez une habitude; semez une habitude et vous récolterez un caractère; semez un caractère et vous récolterez un destin.

Promettez Prométhée, et vous Thésée, taisez-vous !

Un oculiste occultiste.

Il n'y a rien de plus ringard que l'image du progrès quand il s'est arrêté il y a quinze ans.

Un contingent de gens contents geint : "Jean est un con !".

Etre en vie : avoir envie.

Mourir c'est être délivré de (l'idée de) la mort.

Il faut boire le calice jusqu'à l'hallali.

.

13.

Un acarien acariâtre.

Je voyage aussi pour échapper aux cons – moi inclus.

Un bassiste baassiste.

J'en passe, des pires et des meilleures.

Quand on est dans la merde jusqu'au cou, il ne faut surtout pas faire de vagues.

Bague au doigt : corde au cou.

"Dieu est mort" (Nietzsche). "Nietzsche est mort" (Dieu).

Il a le Népal et le Cuba.

Les vérités trop rabâchées deviennent des mensonges.

L'éphéméride fait mes rides.

La tension de l'attention.

Quelquefois il faut faire le mort pour éviter la mort.

Arrivé à un certain point, en fait d'instruction on a plus à oublier qu'à apprendre.

Mes chanteuses préférées : Véronique Sanson et Dalida.

Les sosies de Franck Faure.

Qui a un plus rude combat à soutenir que celui qui travaille à se vaincre ?

Maudits mots dits.

Où elle va ? A Huelva... Allons donc à London, et vous allez-y, à Alésia !

L'argent sale n'a pas d'odeur.

Un cambrioleur attrapé au vol.

Un puits de science sans fond.

Ne jamais oublier de faire la psychanalyse de la psychanalyse.

L'iguane idoine.

On peut s'aimer pour l'éternité mais pas tout le temps.

Deux solutions pour supporter la vie : l'onirisme ou l'ironisme.

Le non-sens contre le bon sens.

De la pulpe de poulpe.

Philippe flippe : Paul et Mick polémiquent.

Il est beaucoup plus facile de mourir
pour la femme qu'on aime que de vivre avec elle.

Le turc est généralement gras, surtout
en Cappadoce.

Le suicide c'est : la vie gagne à être perdue.

Dans le Loir-et-Cher, choir est laid et chère est la loi.

Saint Thomas d'Aquin : "Tom a des seins taquins".

Se taire et se terrer.

14.

Le savant veut mettre le ciel dans sa tête, le mystique sa tête dans le ciel.

Un Fenian feignant.

Se trancher les veines avec une boîte de comprimés.

Yves laisse là la lessive.

Mourir, c'est être délivré de la tyrannie du temps et de l'espace.

La B.A. de l'abbé béat.

Sa fesse s'affaisse, ses frites s'effritent.

L'arme au poing ? Larme à l'œil !

La musique est la rhétorique des dieux.

Le tribut de la statue est le statut de la tribu.

Une avocate d'assises d'Assise, assise.

Boire le calife jusqu'à l'Ali.

La sagesse, c'est la destruction de l'idéalisme.

C'est la fin des abricots !

Un cygne d'étang.

Un chauve avec un cheveu sur la langue.

Jeune est Papeete.

Les huit scaroles de Lewis Carroll.

Pénurie de fringues à Abu-Dhabi.

Une ex-salope pas née.

Qui s'aime sème.

Un fakir hémophile.

L'Homme n'est ni bon ni mauvais; il naît 'malléable' et devient ce que l'on en fait. On peut ainsi remonter à la 'cause première' et en tirer une conclusion : soit Dieu est coupable, soit 'ses voies sont impénétrables'. Et dans ce dernier cas, puisque nous sommes des jouets à sa merci, comment ne pas le considérer comme un simple farceur ?

Il a les cernes d'un homme cerné.

L'échevin veut les vingt cheveux.

Dieu est mort : on ne peut être immortel éternellement.

Paradoxe de la vie : ce qu'il y a peut-être de plus important en elle, c'est d'apprendre à mourir.

Des reins d'airain.

Mon mont, ton ton, son son, nos nôs, vos veaux, leurs leurres.

Une anglaise en glaise.

Des spots éclairant un despote éclairé.

Si le nez de Cléopâtre avait été moins long, sa face en aurait été changée.

La vie : taffe et p'is épitaphe.

L'abbé ne fait pas le moine.

Les Beatles : le mythe de la Cavern.

15.

La sagesse, c'est le doute et la mélancolie rendus supportables par l'humour.

Le comble de la magie : sortir un chapeau d'un lapin.

Un requin rouquin vs un bison zombie.

"Au grand dam de ma p'tite femme."

"L'autre et Amon, léchant deux malles d'Aurore." (Hommage à Isidore D.)

L'idéal féminin : yeux bleus, cheveux roux, peau blanche et bas noirs.

Ne pas désirer ne pas désirer, tel serait le nec plus ultra de la philosophie bouddhiste. Autrement dit : se laisser porter par son désir, sans en être dupe.

Eva geint parce que Ute est russe.

Un piano aqueux sous la pluie.

Un des paons dentistes indépendantistes.

Le faux cil et l'âme-Artaud.

Vis à vis des indiens, les américains ont toujours fait des réserves.

Le mal, c'est quand on ne fait plus la différence entre le bien et le mal.

Un soldat dans la salle d'eau.

Le coude fou de Dreux.

Un congrès de congres.

Etre libre, c'est encore être son propre esclave.

Un gaucho de droite.

Cinq sains seins saints ceints.

*La plus grande de mes innombrables
qualités est la modestie.*

Il y a quelque chose de particulièrement répugnant et dérisoire dans les différentes formes de compassion humaine - comme un étron dans un bouquet de fleurs : c'est qu'on ne comprend l'autre qu'en tant que l'on peut s'imaginer à sa place.

La moue amère de la mouche à merde.

On dit la mariée moche, moi je la trouve belle... vue de dot.

Des petits pois écossais.

J'aime découvrir les profondeurs des femmes intelligentes.

Si seulement la vie commune l'était un peu moins, je n'aurais rien contre le mariage.

Tous les enfants abordent la vie tels des Christophe Colomb. La plupart des adultes s'échouent lamentablement, en costume trois-pièces et attaché-case.

On peut se guérir d'un chagrin d'amour en tombant amoureux.

Le ver solitaire - le cerveau l'étire.

Le portrait d'un robot.

Ali lia Lio au lit (Ali est né aliéné).

Il faut se libérer de toutes les illusions...
y compris de celle-ci.

Il poussait des cris d'orfèvre.

Bernard Kouchner, un tiers-mondiste
deux tiers mondain.

Je me ferai incinéré, ça m'empêchera de
me retourner dans ma tombe.

On a remarqué que les personnes atteintes de zézaiement avaient tendance à confondre finlandais et chinois.

La nuit porte conseil : on y voit plus clair.

Les tôles ondulées, les vaches aussi.

16.

Le gotha c'est pas du gâteau !

Le problème avec l' "inconscient", c'est que c'est justement le conscient qui le conçoit.

Les beaux reins de Verlaine vers l'aine de Rimbaud.

Un croissant croassant & un lion nu loin.

On s'enlace puis on s'en lasse.

L'anarchiste aime tellement l'ordre qu'il n'en supporte pas la moindre caricature.

Ouarzazate et mourir !

Frédéric Mitterrand n'a jamais dit non à un gros maroquin ou à un petit thaïlandais.

Parisianisme : une sorte de pharisianisme laïc.

- Chéri, tu préfères une femme belle ou une femme intelligente ?
- Ni l'une ni l'autre, tu sais bien que je n'aime que toi.

Je ne la connais ni des lèvres, ni des dents.

C'est monnaie courante de ne pas avoir d'argent.

C'est parce que j'aspire au plein emploi de moi-même que je ne veux pas travailler.

Il faut parfois savoir se perdre pour pouvoir se trouver.

Pubis ? Pisse bue !

Je suis anarchiste : c'est que je n'aime ni recevoir ni donner des ordres.

Une bombe anatomique.

J'ai toujours été frappé par les mains des boxeurs.

Se poser moins de questions, c'est déjà répondre à la plupart.

Mac & Kate.

Un ivoirien aveugle.

Retour des religions, recul des idéologies : Mahomet met Mao.

Les mots sont la police et les agents administratifs de la pensée.

La croix croit qu'elle croît.

Les pompiers de Paimpont.

En Angleterre, l'été se meurt.

Il avait beau chausser du 45, il était quand même dans ses petits souliers.

Un bigot : la vertu est son vice.

Petit par la taille, grand par les talons.

Dans une glace on ne peut s'embrasser que sur la bouche.

Il faut rendre à César ce qui est à César - y compris la salade.

Les voyages font avancer.

Parfois, dire des choses au pif n'empêche pas d'avoir du nez.

Dieu est partout pour ceux qui peuvent vivre sans lui.

Le comble de la vanité : croire être devenu sourd parce que les autres ne parlent pas de soi.

Tout le monde devrait se marier - au moins une fois dans sa vie !

Se pendre au sérieux.

L'artiste est un fou qui a réussi.

Paris/Le Touquet, août 2016

Du même auteur

- « Paysages/Visages/Voyages »   (BoD n° 1239451)

- « Qui est qui ? - Dictionnaire des pseudonymes »
  (BoD n° 1310936)

- « Un air de famille - 500 célébrités qui se ressemblent »
  (BoD n° 1267783)

- « Le Père-Lachaise, un cimetière bien vivant »
  (BoD n° 1266269)

- « Ils ont dit… »   (BoD n° 1262065)

- « Sentences sans queue ni tête (La beauté du non-sens) »
  (BoD n° 1298457)

- « Dictionnaire de la guerre civile espagnole et de ses
  prémices 1930-1939 »   (BoD n° 1311069)

- « Absurdomanies… »   (BoD n° 1330401)

- « Les fins mots de la fin »   (BoD n° 1333805)

- « Villages de France »   (Bookelis n° 33976)

- « Last words, last words… out ! »
  (BoD n° 1333798)

- « Gargouilles et marmousets dans la
  sculpture médiévale »   (Bookelis n° 33961)

- « Aphorismes, paradoxes et autres calembredaines »
  (Bookelis n° 35794)

- « Mon Paris insolite »   (BoD n° 1391909)

MiguelSydRuiz
www.miguelsydruiz.jimdo.com

Mai 2019 – 1ère édition : Août 2016

MiguelSydRuiz

www.miguelsydruiz.jimdo.com

Mai 2019 – 1ère édition : Août 2016
MiguelSydRuiz
www.miguelsydruiz.jimdo.com